Mes mots de passe

Site: _____
Nom utilisateur: _____
Mot de passe: _____
E-mail: _____@_____
Notes: _____
_____

Site: _____
Nom utilisateur: _____
Mot de passe: _____
E-mail: _____@_____
Notes: _____
_____

Site: _____
Nom utilisateur: _____
Mot de passe: _____
E-mail: _____@_____
Notes: _____
_____

Site: _____
Nom utilisateur: _____
Mot de passe: _____
E-mail: _____@_____
Notes: _____
_____

Site: _____
Nom utilisateur: _____
Mot de passe: _____
E-mail: _____@_____
Notes: _____
_____

Site: _____
Nom utilisateur: _____
Mot de passe: _____
E-mail: _____@_____
Notes: _____
_____

Site: _____
Nom utilisateur: _____
Mot de passe: _____
E-mail: _____@_____
Notes: _____
_____

Site: _____
Nom utilisateur: _____
Mot de passe: _____
E-mail: _____@_____
Notes: _____
_____

Site: ───────────────────────────
Nom utilisateur: ──────────────
Mot de passe: ─────────────────
E-mail: ─────────── @ ─────────
Notes: ────────────────────────
───────────────────────────────────

Site: ───────────────────────────
Nom utilisateur: ──────────────
Mot de passe: ─────────────────
E-mail: ─────────── @ ─────────
Notes: ────────────────────────
───────────────────────────────────

Site: ───────────────────────────
Nom utilisateur: ──────────────
Mot de passe: ─────────────────
E-mail: ─────────── @ ─────────
Notes: ────────────────────────
───────────────────────────────────

Site: ───────────────────────────
Nom utilisateur: ──────────────
Mot de passe: ─────────────────
E-mail: ─────────── @ ─────────
Notes: ────────────────────────
───────────────────────────────────

Site: _____
Nom utilisateur: _____
Mot de passe: _____
E-mail: _____@_____
Notes: _____
_____

Site: _____
Nom utilisateur: _____
Mot de passe: _____
E-mail: _____@_____
Notes: _____
_____

Site: _____
Nom utilisateur: _____
Mot de passe: _____
E-mail: _____@_____
Notes: _____
_____

Site: _____
Nom utilisateur: _____
Mot de passe: _____
E-mail: _____@_____
Notes: _____
_____

Site:
Nom utilisateur:
Mot de passe:
E-mail: @
Notes:

Site:
Nom utilisateur:
Mot de passe:
E-mail: @
Notes:

Site:
Nom utilisateur:
Mot de passe:
E-mail: @
Notes:

Site:
Nom utilisateur:
Mot de passe:
E-mail: @
Notes:

Site: _____
Nom utilisateur: _____
Mot de passe: _____
E-mail: _____@_____
Notes: _____
_____

Site: _____
Nom utilisateur: _____
Mot de passe: _____
E-mail: _____@_____
Notes: _____
_____

Site: _____
Nom utilisateur: _____
Mot de passe: _____
E-mail: _____@_____
Notes: _____
_____

Site: _____
Nom utilisateur: _____
Mot de passe: _____
E-mail: _____@_____
Notes: _____
_____

Site: _____
Nom utilisateur: _____
Mot de passe: _____
E-mail: _____@_____
Notes: _____
_____

Site: _____
Nom utilisateur: _____
Mot de passe: _____
E-mail: _____@_____
Notes: _____
_____

Site: _____
Nom utilisateur: _____
Mot de passe: _____
E-mail: _____@_____
Notes: _____
_____

Site: _____
Nom utilisateur: _____
Mot de passe: _____
E-mail: _____@_____
Notes: _____
_____

Site: _____
Nom utilisateur: _____
Mot de passe: _____
E-mail: _____@_____
Notes: _____
_____

Site: _____
Nom utilisateur: _____
Mot de passe: _____
E-mail: _____@_____
Notes: _____
_____

Site: _____
Nom utilisateur: _____
Mot de passe: _____
E-mail: _____@_____
Notes: _____
_____

Site: _____
Nom utilisateur: _____
Mot de passe: _____
E-mail: _____@_____
Notes: _____
_____

Site: ─────────────────────────────
Nom utilisateur: ──────────────────
Mot de passe: ────────────────────
E-mail: ──────────────── @ ────────
Notes: ───────────────────────────
─────────────────────────────────────

Site: ─────────────────────────────
Nom utilisateur: ──────────────────
Mot de passe: ────────────────────
E-mail: ──────────────── @ ────────
Notes: ───────────────────────────
─────────────────────────────────────

Site: ─────────────────────────────
Nom utilisateur: ──────────────────
Mot de passe: ────────────────────
E-mail: ──────────────── @ ────────
Notes: ───────────────────────────
─────────────────────────────────────

Site: ─────────────────────────────
Nom utilisateur: ──────────────────
Mot de passe: ────────────────────
E-mail: ──────────────── @ ────────
Notes: ───────────────────────────
─────────────────────────────────────

Site: _____
Nom utilisateur: _____
Mot de passe: _____
E-mail: _____@_____
Notes: _____
_____

Site: _____
Nom utilisateur: _____
Mot de passe: _____
E-mail: _____@_____
Notes: _____
_____

Site: _____
Nom utilisateur: _____
Mot de passe: _____
E-mail: _____@_____
Notes: _____
_____

Site: _____
Nom utilisateur: _____
Mot de passe: _____
E-mail: _____@_____
Notes: _____
_____

Site:
Nom utilisateur:
Mot de passe:
E-mail: @
Notes:

Site:
Nom utilisateur:
Mot de passe:
E-mail: @
Notes:

Site:
Nom utilisateur:
Mot de passe:
E-mail: @
Notes:

Site:
Nom utilisateur:
Mot de passe:
E-mail: @
Notes:

Site: _____
Nom utilisateur: _____
Mot de passe: _____
E-mail: _____@_____
Notes: _____
_____

Site: _____
Nom utilisateur: _____
Mot de passe: _____
E-mail: _____@_____
Notes: _____
_____

Site: _____
Nom utilisateur: _____
Mot de passe: _____
E-mail: _____@_____
Notes: _____
_____

Site: _____
Nom utilisateur: _____
Mot de passe: _____
E-mail: _____@_____
Notes: _____
_____

Site: ………………………………………………………………
Nom utilisateur: ……………………………………………
Mot de passe: ………………………………………………
E-mail: ………………………………… @ ……………………
Notes: …………………………………………………………
………………………………………………………………………

Site: ………………………………………………………………
Nom utilisateur: ……………………………………………
Mot de passe: ………………………………………………
E-mail: ………………………………… @ ……………………
Notes: …………………………………………………………
………………………………………………………………………

Site: ………………………………………………………………
Nom utilisateur: ……………………………………………
Mot de passe: ………………………………………………
E-mail: ………………………………… @ ……………………
Notes: …………………………………………………………
………………………………………………………………………

Site: ………………………………………………………………
Nom utilisateur: ……………………………………………
Mot de passe: ………………………………………………
E-mail: ………………………………… @ ……………………
Notes: …………………………………………………………
………………………………………………………………………

Site: _____
Nom utilisateur: _____
Mot de passe: _____
E-mail: _____@_____
Notes: _____
_____

Site: _____
Nom utilisateur: _____
Mot de passe: _____
E-mail: _____@_____
Notes: _____
_____

Site: _____
Nom utilisateur: _____
Mot de passe: _____
E-mail: _____@_____
Notes: _____
_____

Site: _____
Nom utilisateur: _____
Mot de passe: _____
E-mail: _____@_____
Notes: _____
_____

Site: _____
Nom utilisateur: _____
Mot de passe: _____
E-mail: _____ @ _____
Notes: _____
_____

Site: _____
Nom utilisateur: _____
Mot de passe: _____
E-mail: _____ @ _____
Notes: _____
_____

Site: _____
Nom utilisateur: _____
Mot de passe: _____
E-mail: _____ @ _____
Notes: _____
_____

Site: _____
Nom utilisateur: _____
Mot de passe: _____
E-mail: _____ @ _____
Notes: _____
_____

Site: _____
Nom utilisateur: _____
Mot de passe: _____
E-mail: _____ @ _____
Notes: _____
_____

Site: _____
Nom utilisateur: _____
Mot de passe: _____
E-mail: _____ @ _____
Notes: _____
_____

Site: _____
Nom utilisateur: _____
Mot de passe: _____
E-mail: _____ @ _____
Notes: _____
_____

Site: _____
Nom utilisateur: _____
Mot de passe: _____
E-mail: _____ @ _____
Notes: _____
_____

Site: _____
Nom utilisateur: _____
Mot de passe: _____
E-mail: _____@_____
Notes: _____
_____

Site: _____
Nom utilisateur: _____
Mot de passe: _____
E-mail: _____@_____
Notes: _____
_____

Site: _____
Nom utilisateur: _____
Mot de passe: _____
E-mail: _____@_____
Notes: _____
_____

Site: _____
Nom utilisateur: _____
Mot de passe: _____
E-mail: _____@_____
Notes: _____
_____

Site: _____
Nom utilisateur: _____
Mot de passe: _____
E-mail: _____@_____
Notes: _____
_____

Site: _____
Nom utilisateur: _____
Mot de passe: _____
E-mail: _____@_____
Notes: _____
_____

Site: _____
Nom utilisateur: _____
Mot de passe: _____
E-mail: _____@_____
Notes: _____
_____

Site: _____
Nom utilisateur: _____
Mot de passe: _____
E-mail: _____@_____
Notes: _____
_____

Site: ──────────────────────────────
Nom utilisateur: ───────────────────
Mot de passe: ──────────────────────
E-mail: ──────────────── @ ─────────
Notes: ──────────────────────────────
──

Site: ──────────────────────────────
Nom utilisateur: ───────────────────
Mot de passe: ──────────────────────
E-mail: ──────────────── @ ─────────
Notes: ──────────────────────────────
──

Site: ──────────────────────────────
Nom utilisateur: ───────────────────
Mot de passe: ──────────────────────
E-mail: ──────────────── @ ─────────
Notes: ──────────────────────────────
──

Site: ──────────────────────────────
Nom utilisateur: ───────────────────
Mot de passe: ──────────────────────
E-mail: ──────────────── @ ─────────
Notes: ──────────────────────────────
──

Site: _____
Nom utilisateur: _____
Mot de passe: _____
E-mail: _____@_____
Notes: _____
_____

Site: _____
Nom utilisateur: _____
Mot de passe: _____
E-mail: _____@_____
Notes: _____
_____

Site: _____
Nom utilisateur: _____
Mot de passe: _____
E-mail: _____@_____
Notes: _____
_____

Site: _____
Nom utilisateur: _____
Mot de passe: _____
E-mail: _____@_____
Notes: _____
_____

Site: _____
Nom utilisateur: _____
Mot de passe: _____
E-mail: _____@_____
Notes: _____
_____

Site: _____
Nom utilisateur: _____
Mot de passe: _____
E-mail: _____@_____
Notes: _____
_____

Site: _____
Nom utilisateur: _____
Mot de passe: _____
E-mail: _____@_____
Notes: _____
_____

Site: _____
Nom utilisateur: _____
Mot de passe: _____
E-mail: _____@_____
Notes: _____
_____

Site: _____
Nom utilisateur: _____
Mot de passe: _____
E-mail: _____@_____
Notes: _____
_____

Site: _____
Nom utilisateur: _____
Mot de passe: _____
E-mail: _____@_____
Notes: _____
_____

Site: _____
Nom utilisateur: _____
Mot de passe: _____
E-mail: _____@_____
Notes: _____
_____

Site: _____
Nom utilisateur: _____
Mot de passe: _____
E-mail: _____@_____
Notes: _____
_____

Site:
Nom utilisateur:
Mot de passe:
E-mail: @
Notes:

Site:
Nom utilisateur:
Mot de passe:
E-mail: @
Notes:

Site:
Nom utilisateur:
Mot de passe:
E-mail: @
Notes:

Site:
Nom utilisateur:
Mot de passe:
E-mail: @
Notes:

Site: _____
Nom utilisateur: _____
Mot de passe: _____
E-mail: _____@_____
Notes: _____
_____

Site: _____
Nom utilisateur: _____
Mot de passe: _____
E-mail: _____@_____
Notes: _____
_____

Site: _____
Nom utilisateur: _____
Mot de passe: _____
E-mail: _____@_____
Notes: _____
_____

Site: _____
Nom utilisateur: _____
Mot de passe: _____
E-mail: _____@_____
Notes: _____
_____

Site: _____
Nom utilisateur: _____
Mot de passe: _____
E-mail: _____@_____
Notes: _____
_____

Site: _____
Nom utilisateur: _____
Mot de passe: _____
E-mail: _____@_____
Notes: _____
_____

Site: _____
Nom utilisateur: _____
Mot de passe: _____
E-mail: _____@_____
Notes: _____
_____

Site: _____
Nom utilisateur: _____
Mot de passe: _____
E-mail: _____@_____
Notes: _____
_____

Site: _____
Nom utilisateur: _____
Mot de passe: _____
E-mail: _____@_____
Notes: _____
_____

Site: _____
Nom utilisateur: _____
Mot de passe: _____
E-mail: _____@_____
Notes: _____
_____

Site: _____
Nom utilisateur: _____
Mot de passe: _____
E-mail: _____@_____
Notes: _____
_____

Site: _____
Nom utilisateur: _____
Mot de passe: _____
E-mail: _____@_____
Notes: _____
_____

Site:
Nom utilisateur:
Mot de passe:
E-mail: @
Notes:

Site:
Nom utilisateur:
Mot de passe:
E-mail: @
Notes:

Site:
Nom utilisateur:
Mot de passe:
E-mail: @
Notes:

Site:
Nom utilisateur:
Mot de passe:
E-mail: @
Notes:

Site: _____
Nom utilisateur: _____
Mot de passe: _____
E-mail: _____@_____
Notes: _____
_____

Site: _____
Nom utilisateur: _____
Mot de passe: _____
E-mail: _____@_____
Notes: _____
_____

Site: _____
Nom utilisateur: _____
Mot de passe: _____
E-mail: _____@_____
Notes: _____
_____

Site: _____
Nom utilisateur: _____
Mot de passe: _____
E-mail: _____@_____
Notes: _____
_____

Site: _____
Nom utilisateur: _____
Mot de passe: _____
E-mail: _____ @ _____
Notes: _____
_____

Site: _____
Nom utilisateur: _____
Mot de passe: _____
E-mail: _____ @ _____
Notes: _____
_____

Site: _____
Nom utilisateur: _____
Mot de passe: _____
E-mail: _____ @ _____
Notes: _____
_____

Site: _____
Nom utilisateur: _____
Mot de passe: _____
E-mail: _____ @ _____
Notes: _____
_____

Site: _____
Nom utilisateur: _____
Mot de passe: _____
E-mail: _____@_____
Notes: _____
_____

Site: _____
Nom utilisateur: _____
Mot de passe: _____
E-mail: _____@_____
Notes: _____
_____

Site: _____
Nom utilisateur: _____
Mot de passe: _____
E-mail: _____@_____
Notes: _____
_____

Site: _____
Nom utilisateur: _____
Mot de passe: _____
E-mail: _____@_____
Notes: _____
_____

Site: _____
Nom utilisateur: _____
Mot de passe: _____
E-mail: _____@_____
Notes: _____
_____

Site: _____
Nom utilisateur: _____
Mot de passe: _____
E-mail: _____@_____
Notes: _____
_____

Site: _____
Nom utilisateur: _____
Mot de passe: _____
E-mail: _____@_____
Notes: _____
_____

Site: _____
Nom utilisateur: _____
Mot de passe: _____
E-mail: _____@_____
Notes: _____
_____

Site: _____
Nom utilisateur: _____
Mot de passe: _____
E-mail: _____@_____
Notes: _____
_____

Site: _____
Nom utilisateur: _____
Mot de passe: _____
E-mail: _____@_____
Notes: _____
_____

Site: _____
Nom utilisateur: _____
Mot de passe: _____
E-mail: _____@_____
Notes: _____
_____

Site: _____
Nom utilisateur: _____
Mot de passe: _____
E-mail: _____@_____
Notes: _____
_____

Site:
Nom utilisateur:
Mot de passe:
E-mail: @
Notes:

Site:
Nom utilisateur:
Mot de passe:
E-mail: @
Notes:

Site:
Nom utilisateur:
Mot de passe:
E-mail: @
Notes:

Site:
Nom utilisateur:
Mot de passe:
E-mail: @
Notes:

Site: --
Nom utilisateur: ----------------------------
Mot de passe: -------------------------------
E-mail: ---------------------@---------------
Notes: --------------------------------------

Site: --
Nom utilisateur: ----------------------------
Mot de passe: -------------------------------
E-mail: ---------------------@---------------
Notes: --------------------------------------

Site: --
Nom utilisateur: ----------------------------
Mot de passe: -------------------------------
E-mail: ---------------------@---------------
Notes: --------------------------------------

Site: --
Nom utilisateur: ----------------------------
Mot de passe: -------------------------------
E-mail: ---------------------@---------------
Notes: --------------------------------------

I-J

Site: _____
Nom utilisateur: _____
Mot de passe: _____
E-mail: _____@_____
Notes: _____
_____

Site: _____
Nom utilisateur: _____
Mot de passe: _____
E-mail: _____@_____
Notes: _____
_____

Site: _____
Nom utilisateur: _____
Mot de passe: _____
E-mail: _____@_____
Notes: _____
_____

Site: _____
Nom utilisateur: _____
Mot de passe: _____
E-mail: _____@_____
Notes: _____
_____

I-J

Site: _____
Nom utilisateur: _____
Mot de passe: _____
E-mail: _____ @ _____
Notes: _____
_____

Site: _____
Nom utilisateur: _____
Mot de passe: _____
E-mail: _____ @ _____
Notes: _____
_____

Site: _____
Nom utilisateur: _____
Mot de passe: _____
E-mail: _____ @ _____
Notes: _____
_____

Site: _____
Nom utilisateur: _____
Mot de passe: _____
E-mail: _____ @ _____
Notes: _____
_____

Site: _____
Nom utilisateur: _____
Mot de passe: _____
E-mail: _____@_____
Notes: _____
_____

Site: _____
Nom utilisateur: _____
Mot de passe: _____
E-mail: _____@_____
Notes: _____
_____

Site: _____
Nom utilisateur: _____
Mot de passe: _____
E-mail: _____@_____
Notes: _____
_____

Site: _____
Nom utilisateur: _____
Mot de passe: _____
E-mail: _____@_____
Notes: _____
_____

Site: _____
Nom utilisateur: _____
Mot de passe: _____
E-mail: _____@_____
Notes: _____
_____

Site: _____
Nom utilisateur: _____
Mot de passe: _____
E-mail: _____@_____
Notes: _____
_____

Site: _____
Nom utilisateur: _____
Mot de passe: _____
E-mail: _____@_____
Notes: _____
_____

Site: _____
Nom utilisateur: _____
Mot de passe: _____
E-mail: _____@_____
Notes: _____
_____

Site:
Nom utilisateur:
Mot de passe:
E-mail: @
Notes:

Site:
Nom utilisateur:
Mot de passe:
E-mail: @
Notes:

Site:
Nom utilisateur:
Mot de passe:
E-mail: @
Notes:

Site:
Nom utilisateur:
Mot de passe:
E-mail: @
Notes:

Site: _____
Nom utilisateur: _____
Mot de passe: _____
E-mail: _____ @ _____
Notes: _____
_____

Site: _____
Nom utilisateur: _____
Mot de passe: _____
E-mail: _____ @ _____
Notes: _____
_____

Site: _____
Nom utilisateur: _____
Mot de passe: _____
E-mail: _____ @ _____
Notes: _____
_____

Site: _____
Nom utilisateur: _____
Mot de passe: _____
E-mail: _____ @ _____
Notes: _____
_____

Site: ⎯⎯⎯⎯⎯⎯⎯⎯⎯⎯⎯⎯⎯⎯⎯⎯⎯⎯⎯⎯⎯⎯⎯⎯⎯⎯⎯
Nom utilisateur: ⎯⎯⎯⎯⎯⎯⎯⎯⎯⎯⎯⎯⎯⎯⎯⎯⎯⎯⎯
Mot de passe: ⎯⎯⎯⎯⎯⎯⎯⎯⎯⎯⎯⎯⎯⎯⎯⎯⎯⎯⎯⎯
E-mail: ⎯⎯⎯⎯⎯⎯⎯⎯⎯⎯⎯⎯⎯⎯⎯⎯ @ ⎯⎯⎯⎯⎯⎯
Notes: ⎯⎯⎯⎯⎯⎯⎯⎯⎯⎯⎯⎯⎯⎯⎯⎯⎯⎯⎯⎯⎯⎯⎯⎯
⎯⎯⎯⎯⎯⎯⎯⎯⎯⎯⎯⎯⎯⎯⎯⎯⎯⎯⎯⎯⎯⎯⎯⎯⎯⎯⎯⎯⎯⎯⎯⎯

Site: ⎯⎯⎯⎯⎯⎯⎯⎯⎯⎯⎯⎯⎯⎯⎯⎯⎯⎯⎯⎯⎯⎯⎯⎯⎯⎯⎯
Nom utilisateur: ⎯⎯⎯⎯⎯⎯⎯⎯⎯⎯⎯⎯⎯⎯⎯⎯⎯⎯⎯
Mot de passe: ⎯⎯⎯⎯⎯⎯⎯⎯⎯⎯⎯⎯⎯⎯⎯⎯⎯⎯⎯⎯
E-mail: ⎯⎯⎯⎯⎯⎯⎯⎯⎯⎯⎯⎯⎯⎯⎯⎯ @ ⎯⎯⎯⎯⎯⎯
Notes: ⎯⎯⎯⎯⎯⎯⎯⎯⎯⎯⎯⎯⎯⎯⎯⎯⎯⎯⎯⎯⎯⎯⎯⎯
⎯⎯⎯⎯⎯⎯⎯⎯⎯⎯⎯⎯⎯⎯⎯⎯⎯⎯⎯⎯⎯⎯⎯⎯⎯⎯⎯⎯⎯⎯⎯⎯

Site: ⎯⎯⎯⎯⎯⎯⎯⎯⎯⎯⎯⎯⎯⎯⎯⎯⎯⎯⎯⎯⎯⎯⎯⎯⎯⎯⎯
Nom utilisateur: ⎯⎯⎯⎯⎯⎯⎯⎯⎯⎯⎯⎯⎯⎯⎯⎯⎯⎯⎯
Mot de passe: ⎯⎯⎯⎯⎯⎯⎯⎯⎯⎯⎯⎯⎯⎯⎯⎯⎯⎯⎯⎯
E-mail: ⎯⎯⎯⎯⎯⎯⎯⎯⎯⎯⎯⎯⎯⎯⎯⎯ @ ⎯⎯⎯⎯⎯⎯
Notes: ⎯⎯⎯⎯⎯⎯⎯⎯⎯⎯⎯⎯⎯⎯⎯⎯⎯⎯⎯⎯⎯⎯⎯⎯
⎯⎯⎯⎯⎯⎯⎯⎯⎯⎯⎯⎯⎯⎯⎯⎯⎯⎯⎯⎯⎯⎯⎯⎯⎯⎯⎯⎯⎯⎯⎯⎯

Site: ⎯⎯⎯⎯⎯⎯⎯⎯⎯⎯⎯⎯⎯⎯⎯⎯⎯⎯⎯⎯⎯⎯⎯⎯⎯⎯⎯
Nom utilisateur: ⎯⎯⎯⎯⎯⎯⎯⎯⎯⎯⎯⎯⎯⎯⎯⎯⎯⎯⎯
Mot de passe: ⎯⎯⎯⎯⎯⎯⎯⎯⎯⎯⎯⎯⎯⎯⎯⎯⎯⎯⎯⎯
E-mail: ⎯⎯⎯⎯⎯⎯⎯⎯⎯⎯⎯⎯⎯⎯⎯⎯ @ ⎯⎯⎯⎯⎯⎯
Notes: ⎯⎯⎯⎯⎯⎯⎯⎯⎯⎯⎯⎯⎯⎯⎯⎯⎯⎯⎯⎯⎯⎯⎯⎯
⎯⎯⎯⎯⎯⎯⎯⎯⎯⎯⎯⎯⎯⎯⎯⎯⎯⎯⎯⎯⎯⎯⎯⎯⎯⎯⎯⎯⎯⎯⎯⎯

Site: _____
Nom utilisateur: _____
Mot de passe: _____
E-mail: _____@_____
Notes: _____
_____

Site: _____
Nom utilisateur: _____
Mot de passe: _____
E-mail: _____@_____
Notes: _____
_____

Site: _____
Nom utilisateur: _____
Mot de passe: _____
E-mail: _____@_____
Notes: _____
_____

Site: _____
Nom utilisateur: _____
Mot de passe: _____
E-mail: _____@_____
Notes: _____
_____

Site: _____
Nom utilisateur: _____
Mot de passe: _____
E-mail: _____ @ _____
Notes: _____
_____

Site: _____
Nom utilisateur: _____
Mot de passe: _____
E-mail: _____ @ _____
Notes: _____
_____

Site: _____
Nom utilisateur: _____
Mot de passe: _____
E-mail: _____ @ _____
Notes: _____
_____

Site: _____
Nom utilisateur: _____
Mot de passe: _____
E-mail: _____ @ _____
Notes: _____
_____

Site: _____
Nom utilisateur: _____
Mot de passe: _____
E-mail: _____@_____
Notes: _____
_____

Site: _____
Nom utilisateur: _____
Mot de passe: _____
E-mail: _____@_____
Notes: _____
_____

Site: _____
Nom utilisateur: _____
Mot de passe: _____
E-mail: _____@_____
Notes: _____
_____

Site: _____
Nom utilisateur: _____
Mot de passe: _____
E-mail: _____@_____
Notes: _____
_____

Site:
Nom utilisateur:
Mot de passe:
E-mail: @
Notes:

Site:
Nom utilisateur:
Mot de passe:
E-mail: @
Notes:

Site:
Nom utilisateur:
Mot de passe:
E-mail: @
Notes:

Site:
Nom utilisateur:
Mot de passe:
E-mail: @
Notes:

Site: _____
Nom utilisateur: _____
Mot de passe: _____
E-mail: _____@_____
Notes: _____
_____

Site: _____
Nom utilisateur: _____
Mot de passe: _____
E-mail: _____@_____
Notes: _____
_____

Site: _____
Nom utilisateur: _____
Mot de passe: _____
E-mail: _____@_____
Notes: _____
_____

Site: _____
Nom utilisateur: _____
Mot de passe: _____
E-mail: _____@_____
Notes: _____
_____

Site:
Nom utilisateur:
Mot de passe:
E-mail: @
Notes:

Site:
Nom utilisateur:
Mot de passe:
E-mail: @
Notes:

Site:
Nom utilisateur:
Mot de passe:
E-mail: @
Notes:

Site:
Nom utilisateur:
Mot de passe:
E-mail: @
Notes:

Site: _____
Nom utilisateur: _____
Mot de passe: _____
E-mail: _____ @ _____
Notes: _____
_____

Site: _____
Nom utilisateur: _____
Mot de passe: _____
E-mail: _____ @ _____
Notes: _____
_____

Site: _____
Nom utilisateur: _____
Mot de passe: _____
E-mail: _____ @ _____
Notes: _____
_____

Site: _____
Nom utilisateur: _____
Mot de passe: _____
E-mail: _____ @ _____
Notes: _____
_____

Site: _____
Nom utilisateur: _____
Mot de passe: _____
E-mail: _____@_____
Notes: _____
_____

Site: _____
Nom utilisateur: _____
Mot de passe: _____
E-mail: _____@_____
Notes: _____
_____

Site: _____
Nom utilisateur: _____
Mot de passe: _____
E-mail: _____@_____
Notes: _____
_____

Site: _____
Nom utilisateur: _____
Mot de passe: _____
E-mail: _____@_____
Notes: _____
_____

Site: _____
Nom utilisateur: _____
Mot de passe: _____
E-mail: _____ @ _____
Notes: _____
_____

Site: _____
Nom utilisateur: _____
Mot de passe: _____
E-mail: _____ @ _____
Notes: _____
_____

Site: _____
Nom utilisateur: _____
Mot de passe: _____
E-mail: _____ @ _____
Notes: _____
_____

Site: _____
Nom utilisateur: _____
Mot de passe: _____
E-mail: _____ @ _____
Notes: _____
_____

Site:
Nom utilisateur:
Mot de passe:
E-mail: @
Notes:

Site:
Nom utilisateur:
Mot de passe:
E-mail: @
Notes:

Site:
Nom utilisateur:
Mot de passe:
E-mail: @
Notes:

Site:
Nom utilisateur:
Mot de passe:
E-mail: @
Notes:

Site: _____
Nom utilisateur: _____
Mot de passe: _____
E-mail: _____ @ _____
Notes: _____
_____

Site: _____
Nom utilisateur: _____
Mot de passe: _____
E-mail: _____ @ _____
Notes: _____
_____

Site: _____
Nom utilisateur: _____
Mot de passe: _____
E-mail: _____ @ _____
Notes: _____
_____

Site: _____
Nom utilisateur: _____
Mot de passe: _____
E-mail: _____ @ _____
Notes: _____
_____

Site:
Nom utilisateur:
Mot de passe:
E-mail: @
Notes:

Site:
Nom utilisateur:
Mot de passe:
E-mail: @
Notes:

Site:
Nom utilisateur:
Mot de passe:
E-mail: @
Notes:

Site:
Nom utilisateur:
Mot de passe:
E-mail: @
Notes:

Site: _____
Nom utilisateur: _____
Mot de passe: _____
E-mail: _____@_____
Notes: _____
_____

Site: _____
Nom utilisateur: _____
Mot de passe: _____
E-mail: _____@_____
Notes: _____
_____

Site: _____
Nom utilisateur: _____
Mot de passe: _____
E-mail: _____@_____
Notes: _____
_____

Site: _____
Nom utilisateur: _____
Mot de passe: _____
E-mail: _____@_____
Notes: _____
_____

Site: _____
Nom utilisateur: _____
Mot de passe: _____
E-mail: _____@_____
Notes: _____
_____

Site: _____
Nom utilisateur: _____
Mot de passe: _____
E-mail: _____@_____
Notes: _____
_____

Site: _____
Nom utilisateur: _____
Mot de passe: _____
E-mail: _____@_____
Notes: _____
_____

Site: _____
Nom utilisateur: _____
Mot de passe: _____
E-mail: _____@_____
Notes: _____
_____

Site: _____
Nom utilisateur: _____
Mot de passe: _____
E-mail: _____ @ _____
Notes: _____
_____

Site: _____
Nom utilisateur: _____
Mot de passe: _____
E-mail: _____ @ _____
Notes: _____
_____

Site: _____
Nom utilisateur: _____
Mot de passe: _____
E-mail: _____ @ _____
Notes: _____
_____

Site: _____
Nom utilisateur: _____
Mot de passe: _____
E-mail: _____ @ _____
Notes: _____
_____

Site:
Nom utilisateur:
Mot de passe:
E-mail: @
Notes:

Site:
Nom utilisateur:
Mot de passe:
E-mail: @
Notes:

Site:
Nom utilisateur:
Mot de passe:
E-mail: @
Notes:

Site:
Nom utilisateur:
Mot de passe:
E-mail: @
Notes:

Site: _____
Nom utilisateur: _____
Mot de passe: _____
E-mail: _____@_____
Notes: _____
_____

Site: _____
Nom utilisateur: _____
Mot de passe: _____
E-mail: _____@_____
Notes: _____
_____

Site: _____
Nom utilisateur: _____
Mot de passe: _____
E-mail: _____@_____
Notes: _____
_____

Site: _____
Nom utilisateur: _____
Mot de passe: _____
E-mail: _____@_____
Notes: _____
_____

Site: ───────────────────────────────
Nom utilisateur: ───────────────────────
Mot de passe: ──────────────────────────
E-mail: ────────────────── @ ────────────
Notes: ─────────────────────────────────
──

Site: ───────────────────────────────
Nom utilisateur: ───────────────────────
Mot de passe: ──────────────────────────
E-mail: ────────────────── @ ────────────
Notes: ─────────────────────────────────
──

Site: ───────────────────────────────
Nom utilisateur: ───────────────────────
Mot de passe: ──────────────────────────
E-mail: ────────────────── @ ────────────
Notes: ─────────────────────────────────
──

Site: ───────────────────────────────
Nom utilisateur: ───────────────────────
Mot de passe: ──────────────────────────
E-mail: ────────────────── @ ────────────
Notes: ─────────────────────────────────
──

Site: _____
Nom utilisateur: _____
Mot de passe: _____
E-mail: _____@_____
Notes: _____
_____

Site: _____
Nom utilisateur: _____
Mot de passe: _____
E-mail: _____@_____
Notes: _____
_____

Site: _____
Nom utilisateur: _____
Mot de passe: _____
E-mail: _____@_____
Notes: _____
_____

Site: _____
Nom utilisateur: _____
Mot de passe: _____
E-mail: _____@_____
Notes: _____
_____

Site:
Nom utilisateur:
Mot de passe:
E-mail: @
Notes:

Site:
Nom utilisateur:
Mot de passe:
E-mail: @
Notes:

Site:
Nom utilisateur:
Mot de passe:
E-mail: @
Notes:

Site:
Nom utilisateur:
Mot de passe:
E-mail: @
Notes:

Site: _____
Nom utilisateur: _____
Mot de passe: _____
E-mail: _____@_____
Notes: _____
_____

Site: _____
Nom utilisateur: _____
Mot de passe: _____
E-mail: _____@_____
Notes: _____
_____

Site: _____
Nom utilisateur: _____
Mot de passe: _____
E-mail: _____@_____
Notes: _____
_____

Site: _____
Nom utilisateur: _____
Mot de passe: _____
E-mail: _____@_____
Notes: _____
_____

Site:
Nom utilisateur:
Mot de passe:
E-mail: @
Notes:

Site:
Nom utilisateur:
Mot de passe:
E-mail: @
Notes:

Site:
Nom utilisateur:
Mot de passe:
E-mail: @
Notes:

Site:
Nom utilisateur:
Mot de passe:
E-mail: @
Notes:

Site: _____
Nom utilisateur: _____
Mot de passe: _____
E-mail: _____@_____
Notes: _____
_____

Site: _____
Nom utilisateur: _____
Mot de passe: _____
E-mail: _____@_____
Notes: _____
_____

Site: _____
Nom utilisateur: _____
Mot de passe: _____
E-mail: _____@_____
Notes: _____
_____

Site: _____
Nom utilisateur: _____
Mot de passe: _____
E-mail: _____@_____
Notes: _____
_____

Site: _____
Nom utilisateur: _____
Mot de passe: _____
E-mail: _____@_____
Notes: _____
_____

Site: _____
Nom utilisateur: _____
Mot de passe: _____
E-mail: _____@_____
Notes: _____
_____

Site: _____
Nom utilisateur: _____
Mot de passe: _____
E-mail: _____@_____
Notes: _____
_____

Site: _____
Nom utilisateur: _____
Mot de passe: _____
E-mail: _____@_____
Notes: _____
_____

Site: ───────────────────────────────────────
Nom utilisateur: ─────────────────────────────
Mot de passe: ────────────────────────────────
E-mail: ─────────────────@────────────────────
Notes: ───────────────────────────────────────
──

Site: ───────────────────────────────────────
Nom utilisateur: ─────────────────────────────
Mot de passe: ────────────────────────────────
E-mail: ─────────────────@────────────────────
Notes: ───────────────────────────────────────
──

Site: ───────────────────────────────────────
Nom utilisateur: ─────────────────────────────
Mot de passe: ────────────────────────────────
E-mail: ─────────────────@────────────────────
Notes: ───────────────────────────────────────
──

Site: ───────────────────────────────────────
Nom utilisateur: ─────────────────────────────
Mot de passe: ────────────────────────────────
E-mail: ─────────────────@────────────────────
Notes: ───────────────────────────────────────
──

Site: _____
Nom utilisateur: _____
Mot de passe: _____
E-mail: _____ @ _____
Notes: _____
_____

Site: _____
Nom utilisateur: _____
Mot de passe: _____
E-mail: _____ @ _____
Notes: _____
_____

Site: _____
Nom utilisateur: _____
Mot de passe: _____
E-mail: _____ @ _____
Notes: _____
_____

Site: _____
Nom utilisateur: _____
Mot de passe: _____
E-mail: _____ @ _____
Notes: _____
_____

Site: _____
Nom utilisateur: _____
Mot de passe: _____
E-mail: _____@_____
Notes: _____
_____

Site: _____
Nom utilisateur: _____
Mot de passe: _____
E-mail: _____@_____
Notes: _____
_____

Site: _____
Nom utilisateur: _____
Mot de passe: _____
E-mail: _____@_____
Notes: _____
_____

Site: _____
Nom utilisateur: _____
Mot de passe: _____
E-mail: _____@_____
Notes: _____
_____

Site:
Nom utilisateur:
Mot de passe:
E-mail: @
Notes:

Site:
Nom utilisateur:
Mot de passe:
E-mail: @
Notes:

Site:
Nom utilisateur:
Mot de passe:
E-mail: @
Notes:

Site:
Nom utilisateur:
Mot de passe:
E-mail: @
Notes:

Site: _____
Nom utilisateur: _____
Mot de passe: _____
E-mail: _____@_____
Notes: _____
_____

Site: _____
Nom utilisateur: _____
Mot de passe: _____
E-mail: _____@_____
Notes: _____
_____

Site: _____
Nom utilisateur: _____
Mot de passe: _____
E-mail: _____@_____
Notes: _____
_____

Site: _____
Nom utilisateur: _____
Mot de passe: _____
E-mail: _____@_____
Notes: _____
_____

Site:
Nom utilisateur:
Mot de passe:
E-mail: @
Notes:

Site:
Nom utilisateur:
Mot de passe:
E-mail: @
Notes:

Site:
Nom utilisateur:
Mot de passe:
E-mail: @
Notes:

Site:
Nom utilisateur:
Mot de passe:
E-mail: @
Notes:

Site: _____
Nom utilisateur: _____
Mot de passe: _____
E-mail: _____ @ _____
Notes: _____
_____

Site: _____
Nom utilisateur: _____
Mot de passe: _____
E-mail: _____ @ _____
Notes: _____
_____

Site: _____
Nom utilisateur: _____
Mot de passe: _____
E-mail: _____ @ _____
Notes: _____
_____

Site: _____
Nom utilisateur: _____
Mot de passe: _____
E-mail: _____ @ _____
Notes: _____
_____

Site: _____
Nom utilisateur: _____
Mot de passe: _____
E-mail: _____@_____
Notes: _____
_____

Site: _____
Nom utilisateur: _____
Mot de passe: _____
E-mail: _____@_____
Notes: _____
_____

Site: _____
Nom utilisateur: _____
Mot de passe: _____
E-mail: _____@_____
Notes: _____
_____

Site: _____
Nom utilisateur: _____
Mot de passe: _____
E-mail: _____@_____
Notes: _____
_____

Site: _____
Nom utilisateur: _____
Mot de passe: _____
E-mail: _____ @ _____
Notes: _____
_____

Site: _____
Nom utilisateur: _____
Mot de passe: _____
E-mail: _____ @ _____
Notes: _____
_____

Site: _____
Nom utilisateur: _____
Mot de passe: _____
E-mail: _____ @ _____
Notes: _____
_____

Site: _____
Nom utilisateur: _____
Mot de passe: _____
E-mail: _____ @ _____
Notes: _____
_____

Site: _____
Nom utilisateur: _____
Mot de passe: _____
E-mail: _____ @ _____
Notes: _____
_____

Site: _____
Nom utilisateur: _____
Mot de passe: _____
E-mail: _____ @ _____
Notes: _____
_____

Site: _____
Nom utilisateur: _____
Mot de passe: _____
E-mail: _____ @ _____
Notes: _____
_____

Site: _____
Nom utilisateur: _____
Mot de passe: _____
E-mail: _____ @ _____
Notes: _____
_____

Site: _____
Nom utilisateur: _____
Mot de passe: _____
E-mail: _____ @ _____
Notes: _____
_____

Site: _____
Nom utilisateur: _____
Mot de passe: _____
E-mail: _____ @ _____
Notes: _____
_____

Site: _____
Nom utilisateur: _____
Mot de passe: _____
E-mail: _____ @ _____
Notes: _____
_____

Site: _____
Nom utilisateur: _____
Mot de passe: _____
E-mail: _____ @ _____
Notes: _____
_____

Site:
Nom utilisateur:
Mot de passe:
E-mail: @
Notes:

Site:
Nom utilisateur:
Mot de passe:
E-mail: @
Notes:

Site:
Nom utilisateur:
Mot de passe:
E-mail: @
Notes:

Site:
Nom utilisateur:
Mot de passe:
E-mail: @
Notes:

Site: _____
Nom utilisateur: _____
Mot de passe: _____
E-mail: _____@_____
Notes: _____
_____

Site: _____
Nom utilisateur: _____
Mot de passe: _____
E-mail: _____@_____
Notes: _____
_____

Site: _____
Nom utilisateur: _____
Mot de passe: _____
E-mail: _____@_____
Notes: _____
_____

Site: _____
Nom utilisateur: _____
Mot de passe: _____
E-mail: _____@_____
Notes: _____
_____

Site: _____
Nom utilisateur: _____
Mot de passe: _____
E-mail: _____@_____
Notes: _____
_____

Site: _____
Nom utilisateur: _____
Mot de passe: _____
E-mail: _____@_____
Notes: _____
_____

Site: _____
Nom utilisateur: _____
Mot de passe: _____
E-mail: _____@_____
Notes: _____
_____

Site: _____
Nom utilisateur: _____
Mot de passe: _____
E-mail: _____@_____
Notes: _____
_____

Site: _____
Nom utilisateur: _____
Mot de passe: _____
E-mail: _____@_____
Notes: _____
_____

Site: _____
Nom utilisateur: _____
Mot de passe: _____
E-mail: _____@_____
Notes: _____
_____

Site: _____
Nom utilisateur: _____
Mot de passe: _____
E-mail: _____@_____
Notes: _____
_____

Site: _____
Nom utilisateur: _____
Mot de passe: _____
E-mail: _____@_____
Notes: _____
_____

Site: ---
Nom utilisateur: ---
Mot de passe: ---
E-mail: --- @ ---
Notes: ---

Site: ---
Nom utilisateur: ---
Mot de passe: ---
E-mail: --- @ ---
Notes: ---

Site: ---
Nom utilisateur: ---
Mot de passe: ---
E-mail: --- @ ---
Notes: ---

Site: ---
Nom utilisateur: ---
Mot de passe: ---
E-mail: --- @ ---
Notes: ---

Site: _____
Nom utilisateur: _____
Mot de passe: _____
E-mail: _____@_____
Notes: _____
_____

Site: _____
Nom utilisateur: _____
Mot de passe: _____
E-mail: _____@_____
Notes: _____
_____

Site: _____
Nom utilisateur: _____
Mot de passe: _____
E-mail: _____@_____
Notes: _____
_____

Site: _____
Nom utilisateur: _____
Mot de passe: _____
E-mail: _____@_____
Notes: _____
_____

Site: _____
Nom utilisateur: _____
Mot de passe: _____
E-mail: _____@_____
Notes: _____
_____

Site: _____
Nom utilisateur: _____
Mot de passe: _____
E-mail: _____@_____
Notes: _____
_____

Site: _____
Nom utilisateur: _____
Mot de passe: _____
E-mail: _____@_____
Notes: _____
_____

Site: _____
Nom utilisateur: _____
Mot de passe: _____
E-mail: _____@_____
Notes: _____
_____

Site: _____
Nom utilisateur: _____
Mot de passe: _____
E-mail: _____@_____
Notes: _____
_____

Site: _____
Nom utilisateur: _____
Mot de passe: _____
E-mail: _____@_____
Notes: _____
_____

Site: _____
Nom utilisateur: _____
Mot de passe: _____
E-mail: _____@_____
Notes: _____
_____

Site: _____
Nom utilisateur: _____
Mot de passe: _____
E-mail: _____@_____
Notes: _____
_____

Site: _____
Nom utilisateur: _____
Mot de passe: _____
E-mail: _____@_____
Notes: _____
_____

Site: _____
Nom utilisateur: _____
Mot de passe: _____
E-mail: _____@_____
Notes: _____
_____

Site: _____
Nom utilisateur: _____
Mot de passe: _____
E-mail: _____@_____
Notes: _____
_____

Site: _____
Nom utilisateur: _____
Mot de passe: _____
E-mail: _____@_____
Notes: _____
_____

Site: _____
Nom utilisateur: _____
Mot de passe: _____
E-mail: _____ @ _____
Notes: _____
_____

Site: _____
Nom utilisateur: _____
Mot de passe: _____
E-mail: _____ @ _____
Notes: _____
_____

Site: _____
Nom utilisateur: _____
Mot de passe: _____
E-mail: _____ @ _____
Notes: _____
_____

Site: _____
Nom utilisateur: _____
Mot de passe: _____
E-mail: _____ @ _____
Notes: _____
_____

Site:
Nom utilisateur:
Mot de passe:
E-mail: @
Notes:

Site:
Nom utilisateur:
Mot de passe:
E-mail: @
Notes:

Site:
Nom utilisateur:
Mot de passe:
E-mail: @
Notes:

Site:
Nom utilisateur:
Mot de passe:
E-mail: @
Notes:

Site: _____
Nom utilisateur: _____
Mot de passe: _____
E-mail: _____@_____
Notes: _____
_____

Site: _____
Nom utilisateur: _____
Mot de passe: _____
E-mail: _____@_____
Notes: _____
_____

Site: _____
Nom utilisateur: _____
Mot de passe: _____
E-mail: _____@_____
Notes: _____
_____

Site: _____
Nom utilisateur: _____
Mot de passe: _____
E-mail: _____@_____
Notes: _____
_____

Site: ─────────────────────────────────────
Nom utilisateur: ──────────────────────────
Mot de passe: ─────────────────────────────
E-mail: ───────────────────── @ ───────────
Notes: ────────────────────────────────────
───

Site: ─────────────────────────────────────
Nom utilisateur: ──────────────────────────
Mot de passe: ─────────────────────────────
E-mail: ───────────────────── @ ───────────
Notes: ────────────────────────────────────
───

Site: ─────────────────────────────────────
Nom utilisateur: ──────────────────────────
Mot de passe: ─────────────────────────────
E-mail: ───────────────────── @ ───────────
Notes: ────────────────────────────────────
───

Site: ─────────────────────────────────────
Nom utilisateur: ──────────────────────────
Mot de passe: ─────────────────────────────
E-mail: ───────────────────── @ ───────────
Notes: ────────────────────────────────────
───

Site: _____
Nom utilisateur: _____
Mot de passe: _____
E-mail: _____@_____
Notes: _____
_____

Site: _____
Nom utilisateur: _____
Mot de passe: _____
E-mail: _____@_____
Notes: _____
_____

Site: _____
Nom utilisateur: _____
Mot de passe: _____
E-mail: _____@_____
Notes: _____
_____

Site: _____
Nom utilisateur: _____
Mot de passe: _____
E-mail: _____@_____
Notes: _____
_____

Site: _____
Nom utilisateur: _____
Mot de passe: _____
E-mail: _____@_____
Notes: _____
_____

Site: _____
Nom utilisateur: _____
Mot de passe: _____
E-mail: _____@_____
Notes: _____
_____

Site: _____
Nom utilisateur: _____
Mot de passe: _____
E-mail: _____@_____
Notes: _____
_____

Site: _____
Nom utilisateur: _____
Mot de passe: _____
E-mail: _____@_____
Notes: _____
_____

Site: _____
Nom utilisateur: _____
Mot de passe: _____
E-mail: _____@_____
Notes: _____
_____

Site: _____
Nom utilisateur: _____
Mot de passe: _____
E-mail: _____@_____
Notes: _____
_____

Site: _____
Nom utilisateur: _____
Mot de passe: _____
E-mail: _____@_____
Notes: _____
_____

Site: _____
Nom utilisateur: _____
Mot de passe: _____
E-mail: _____@_____
Notes: _____
_____

Site:
Nom utilisateur:
Mot de passe:
E-mail: @
Notes:

Site:
Nom utilisateur:
Mot de passe:
E-mail: @
Notes:

Site:
Nom utilisateur:
Mot de passe:
E-mail: @
Notes:

Site:
Nom utilisateur:
Mot de passe:
E-mail: @
Notes:

Site: _____
Nom utilisateur: _____
Mot de passe: _____
E-mail: _____ @ _____
Notes: _____
_____

Site: _____
Nom utilisateur: _____
Mot de passe: _____
E-mail: _____ @ _____
Notes: _____
_____

Site: _____
Nom utilisateur: _____
Mot de passe: _____
E-mail: _____ @ _____
Notes: _____
_____

Site: _____
Nom utilisateur: _____
Mot de passe: _____
E-mail: _____ @ _____
Notes: _____
_____

Site:
Nom utilisateur:
Mot de passe:
E-mail: @
Notes:

Site:
Nom utilisateur:
Mot de passe:
E-mail: @
Notes:

Site:
Nom utilisateur:
Mot de passe:
E-mail: @
Notes:

Site:
Nom utilisateur:
Mot de passe:
E-mail: @
Notes:

Site: _____
Nom utilisateur: _____
Mot de passe: _____
E-mail: _____@_____
Notes: _____
_____

Site: _____
Nom utilisateur: _____
Mot de passe: _____
E-mail: _____@_____
Notes: _____
_____

Site: _____
Nom utilisateur: _____
Mot de passe: _____
E-mail: _____@_____
Notes: _____
_____

Site: _____
Nom utilisateur: _____
Mot de passe: _____
E-mail: _____@_____
Notes: _____
_____

Site: _____
Nom utilisateur: _____
Mot de passe: _____
E-mail: _____ @ _____
Notes: _____
_____

Site: _____
Nom utilisateur: _____
Mot de passe: _____
E-mail: _____ @ _____
Notes: _____
_____

Site: _____
Nom utilisateur: _____
Mot de passe: _____
E-mail: _____ @ _____
Notes: _____
_____

Site: _____
Nom utilisateur: _____
Mot de passe: _____
E-mail: _____ @ _____
Notes: _____
_____

1-9

Site: _____
Nom utilisateur: _____
Mot de passe: _____
E-mail: _____@_____
Notes: _____
_____

Site: _____
Nom utilisateur: _____
Mot de passe: _____
E-mail: _____@_____
Notes: _____
_____

Site: _____
Nom utilisateur: _____
Mot de passe: _____
E-mail: _____@_____
Notes: _____
_____

Site: _____
Nom utilisateur: _____
Mot de passe: _____
E-mail: _____@_____
Notes: _____
_____

1-9

Site: ───────────────────────────────────
Nom utilisateur: ──────────────────────
Mot de passe: ─────────────────────────
E-mail: ─────────────────── @ ─────────
Notes: ─────────────────────────────────
───

Site: ───────────────────────────────────
Nom utilisateur: ──────────────────────
Mot de passe: ─────────────────────────
E-mail: ─────────────────── @ ─────────
Notes: ─────────────────────────────────
───

Site: ───────────────────────────────────
Nom utilisateur: ──────────────────────
Mot de passe: ─────────────────────────
E-mail: ─────────────────── @ ─────────
Notes: ─────────────────────────────────
───

Site: ───────────────────────────────────
Nom utilisateur: ──────────────────────
Mot de passe: ─────────────────────────
E-mail: ─────────────────── @ ─────────
Notes: ─────────────────────────────────
───

1-9